SÉRIE
diálogo
na sala de aula

Guila Azevedo

Adolescência

editora scipione

Gerência editorial
Sâmia Rios

Responsabilidade editorial
Mauro Aristides

Edição de texto
José Paulo Brait

Assistência editorial
Maysa Monção
Ivonete Leal Dias

Revisão
Claudia Virgilio
Rosalina Siqueira
Nair Hitomi Kayo

Coordenação de arte
Maria do Céu Pires Passuello

Programação visual de capa e miolo
Didier D. C. Dias de Moraes

Ilustrações
Félix Reiners

foto de capa
AGB Photo Library/Keystone

editora scipione

Av. das Nações Unidas, 7221
Pinheiros
CEP 05425-902 – São Paulo – SP

ATENDIMENTO AO CLIENTE
Tel.: 4003-3061

www.coletivoleitor.com.br
e-mail: atendimento@aticascipione.com.br

2022

ISBN 978-85-262-5032-1 – AL

CL: 733296

CAE: 223943

1.ª EDIÇÃO
11.ª impressão

Impressão e acabamento
Forma Certa

Dados Internacionais de Catalogação na Publicação (CIP)
Câmara Brasileira do Livro, SP, Brasil

Azevedo, Guila

Adolescência / Guila Azevedo; ilustrações de Félix Reiners. – São Paulo: Scipione, 2003. (Série Diálogo na sala de aula)

1. Adolescência 2. Literatura infantojuvenil I. Reiners, Félix. II. Título. III. Série.

03-4196 CDD-028-5

Índices para catálogo sistemático:

1. Literatura Infantojuvenil 028.5
2. Literatura juvenil 028.5

Este livro é para meus filhos, Eduardo, Gabriela e Marcelo, com quem aprendo a ter dúvidas e a não perder a capacidade de sonhar.

SUMÁRIO

INTRODUÇÃO

Por que escrever sobre a adolescência?

Em várias palestras feitas para alunos do ensino fundamental e do ensino médio, os jovens perguntam-me por que decidi escrever sobre a adolescência. A pergunta é interessante e demonstra a fragilidade da autoestima dos adolescentes. É como se eles não merecessem atenção. Afinal, não é comum que sejam chamados de "aborrecentes"?

Na minha opinião, os adolescentes não são "aborrecentes", mas instigantes. O jeito como questionam o que julgam errado e a garra com que abraçam causas e defendem o meio ambiente, a paz e a justiça são características suas e que os adultos vão perdendo no decorrer dos anos. Só quem convive com adolescentes e está disposto a aprender com eles é que mantém o jeito maroto deles de encarar a vida e percebe que a ideia de que são rebeldes, violentos e imaturos não passa de um estereótipo.

Encontrar respostas para as mil e uma dúvidas naturais dessa etapa é o grande desafio de quem escreve para os jovens. Escrever significa compartilhar emoções com o leitor, abraçá-lo, rir e chorar com ele.

Este é o objetivo deste livro: ajudar adolescentes, educadores, pais e adultos em geral a refletir sobre esta fase fundamental para a formação de pessoas afetuosas e conscientes de seu papel na sociedade.

A etapa do desenvolvimento, que vai da maturação física até o reconhecimento do indivíduo como adulto, é árdua e longa. E, muitas vezes, a imagem que fazemos desse processo é fruto da indústria cultural. Por isso, precisamos observá-lo com cuidado para sermos mais compreensivos e não cairmos nas armadilhas do senso comum.

1
Adeus à infância

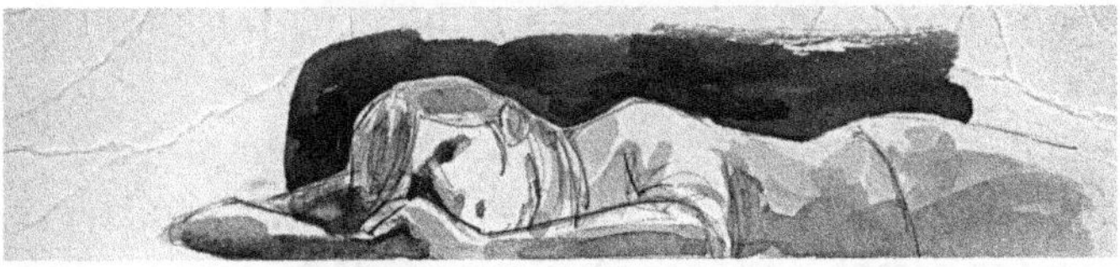

Quem sou? O que desejo? O que fazer para que os outros percebam que sou um indivíduo com sonhos, vontades e escolhas próprias?

Perguntas como essas desafiam os adolescentes que se encaminham para a vida adulta.

A despedida da infância ocorre em um momento indeterminado, não está assinalada no calendário. É um processo que se inicia por volta dos 11 ou 12 anos, com a chegada da puberdade, e termina quando a pessoa se sente adulta, isto é, quando não tem medo de assumir responsabilidade por seus atos e quando é reconhecida como tal.

Nessa fase, ocorrem mudanças no corpo, no comportamento e nos estados emocionais. O jeito de encarar o mundo, a família e os amigos transforma-se. Tudo ao mesmo tempo, em um turbilhão incontrolável de sentimentos.

Nesse caminho tão acidentado, há ainda obstáculos que, muitas vezes, exigem mais do que é possível fazer no momento. Há situações em que a solução parece uma missão impossível. Aí, dá vontade de voltar a ser criança, de não crescer. Puxa! Se existisse uma poção mágica que fizesse a gente ser pequeno quando as coisas apertam e grande quando a ocasião parece feita para isso... Mas a realidade é diferente e muitas vezes traz frustrações. Entretanto, traz também alegrias e muitas descobertas fantásticas.

João estava na porta da sala quando parou para ouvir um rabo de conversa de sua mãe com uma amiga.

– Você sabe que não aguento mais o João. Ele está terrível. Deu de ter opinião sobre tudo, dar palpites, achar que sabe tudo. Será que é a adolescência?

– Deve ser – respondeu a amiga. – Helena está igual.

João afastou-se sem entender. Ele, de fato, vinha pensando sobre muitas coisas, arriscando alguns palpites, mas não tinha a menor ideia de que isso aborrecia tanto sua mãe. Por que será que ela se chateava?

No caminho para a cozinha, Carol ouve sua mãe falar no telefone:

– Amiga, você não sabe. O mau humor de Carol está demais. Cismou que nada fica bem nela, que está gorda, que nada serve. Um inferno! Deve ser a adolescência. Acho até que já é uma TPM, que ela logo vai menstruar.

Carol foi até a cozinha sem entender nada. Será que sua mãe não enxergava a gordura dela? Será que a mãe achava que suas roupas eram bonitas? Também, não dava para esperar nada melhor. A mãe não gostava de top, *achava que calça de cintura baixa era um relaxo só. Definitivamente a mãe não a entendia e ainda queria que ela estivesse de bom humor. Carol estava inconformada.*

Rodrigo foi até a sala dos professores levar um trabalho que já devia ter sido entregue. Ficou por lá fazendo hora, morrendo de curiosidade sobre o que os professores falavam no intervalo das aulas. Ouviu o professor de história dizer para o professor de matemática:

– Pois é, Ricardo, para dar aula para adolescentes tem de gostar. Eles se sentem os donos da verdade, discutem por tudo, questionam tudo. Tem de ter muita vocação!

Rodrigo não entendeu. Será que o professor disse aquilo porque ele e seus colegas haviam reclamado do prazo para entregar o trabalho? O professor pensava que era o único, que os alunos não tinham mais nada para fazer, que só existia a escola. A verdade é que havia tantas coisas e tão mais interessantes... Ou será que era porque os alunos queriam sair e participar da passeata pela paz que aconteceu na cidade?

Mudanças irreversíveis

Talvez o melhor seja começar por definir o período em que ocorrem transformações fundamentais e irreversíveis. Irreversível quer dizer que não dá para voltar atrás. É o que acontece com o processo de se tornar adulto.

A adolescência começa com as primeiras mudanças do corpo, que é o início da puberdade. Sentimos que não somos mais crianças, mas ainda não somos bem-vindos ao mundo adulto. Muitas vezes, também não nos sentimos confortáveis no papel de adultos e gostaríamos de voltar a ser crianças.

A culpa não é bem dos adultos. Nossos pais continuam a nos amar e a nos proteger, os professores curtem dar aula e ter um grupo de alunos que participa das discussões, nossos amigos são legais e nos apoiam. Mas, então, o que está acontecendo? O que está mudando? Por que essas mudanças de humor repentinas? Por que essa irritação à toa?

Nosso corpo está tão estranho... Não é mais o corpo que conhecíamos tão bem. Parece que sobram pernas e braços, tropeçamos em tudo, aparecem pelos, o seio das meninas começa a crescer, elas menstruam e surgem espinhas horrorosas. A gente se olha no espelho e não se reconhece. Que penteado fazer para que combine com esse rosto novo que nos olha no espelho? Que pose adotar no pátio para não parecer desengonçado e ridículo? Horas diante do espelho e nenhuma resposta satisfatória.

– Ah! Como eu queria ter o espelho da madrasta de Branca de Neve... – suspira a menina, olhando a pilha de roupas em cima da cama. – Puxa! Nenhuma serviu!

E os pais! De repente, temos de dizer aonde vamos, com quem, fazer o quê. Parece que eles não percebem que a gente está crescendo, está mudando. Mas será que nós percebemos isso?

É difícil ter claro essas mudanças. O adolescente intui que elas estão ocorrendo, mas como elas fazem parte de um processo que leva alguns anos para acontecer, fica difícil para os adultos e para os próprios adolescentes ter consciência dessas transformações.

Por volta dos 10 ou 11 anos, a criança percebe que já não é mais pequena. Quer dizer, ela tem quase certeza de que já é grande. Pequeno é o irmão mais novo que faz birra, a prima de nove anos que brinca de casinha, o vizinho de sete anos que acabou de tirar as rodinhas auxiliares da bicicleta. Quem tem 11 ou 12 anos é grande e quer ser tratado como tal.

É por volta desse período que começam as mudanças físicas. No início, nem dá para notá-las. Depois... bem, depois dá para notar que a calça *jeans* ficou curta, a manga do moletom também. Ninguém quer mais saber de maria-chiquinha ou de um simples rabo de cavalo. As mães, por sua vez, começam a ficar meio irritadas com as filhas e os filhos que não acham nada bom. Enfim, são mudanças que fazem parte desse processo, não são sinal de rebeldia, mas sim sinal de que começamos a perceber que somos pessoas com personalidade própria. Temos gostos próprios, opiniões, podemos fazer algumas escolhas. Estamos começando a buscar nossa identidade.

Nesse período de transformações, os hormônios estão trabalhando a todo vapor e provocam muitas oscilações de humor. São mudanças metabólicas, em que novas substâncias circulam pelo corpo e interferem até mesmo em nosso astral.

E mais. São esses hormônios que fazem aparecer os pelos, aumentar o seio, surgir as espinhas e que dão uma fome quase incontrolável. São também os hormônios de crescimento que trabalham incessantemente, porque tudo cresce em nosso corpo até que termine o processo de puberdade e as cartilagens ósseas se fechem.

Entrando em ebulição

A adolescência é assim: um caldeirão fervendo, um período de muita agitação interna, um desencontro com o corpo, um humor que muda toda hora, muitas dúvidas e muitos medos que acompanham sempre tudo aquilo que é novo e desconhecido.

As coisas acontecem mais ou menos desta forma: quando ganhamos algo novo, precisamos achar um lugar para ele. Precisamos reacomodar o que já tínhamos para dar espaço a ele. Às vezes, algumas coisas precisam até ser jogadas fora para que o que ganhamos não fique no meio do caminho atrapalhando. Com conhecimentos novos é a mesma coisa. Precisamos encaixá-los no meio dos conhecimentos que já temos de maneira que complementem o que já sabíamos, como se fosse uma peça de quebra-cabeça. Essa reacomodação traz uma fase de desequilíbrio, medo e também empolgação. Há uns períodos de calmaria, mas aí novamente vem uma crise e todos os sentimentos entram em ebulição.

O crescimento não é um movimento linear. Há momentos em que voltamos a querer andar de triciclo, brincar de boneca e montar quebra-cabeça. Há outros em que fazer birra para chamar a atenção parece ser a melhor solução. Brigar com o irmão rolando no chão e xingando também parece ser uma boa saída em algumas situações, assim como rasgar o trabalho da irmã, ficar de mal com os amigos e uma porção de outras coisas que os adultos chamam de atitudes infantis, querendo dizer com isso que os adolescentes não são mais crianças.

– Puxa vida! Nem parece ter 12 anos! – grita uma mãe desesperada.

– Pare com essa birra, menino. Você já não é mais criança – poderia gritar outra mãe.

Nessas horas, dá saudade e vontade de ser criança outra vez. Mas você se lembra do que eu disse no começo, de que crescer é um processo irreversível? Pois bem, não dá para parar de crescer de repente, mas dá para voltar a ser criança, porque na verdade a criança não sumiu. O menino ou menina de 12 ou 13 anos ou até mais podem não parecer mais crianças no que se refere a características físicas, mas possuem algumas facetas de criança que são usadas nos momentos de fragilidade e insegurança.

A adolescência é um período de aprendizagem de como lidar com os novos mecanismos, os novos fatos, as novas emoções, as novas formas de relacionamento. Enquanto não estamos seguros dessas novas formas de agir, ou melhor, enquanto elas não fizerem de fato parte de nosso comportamento sem que o percebamos, recorremos aos comportamentos que já conhecemos, ou seja, aqueles chamados infantis.

Se, nesse processo de transição de uma fase para outra, a criança/adolescente contar com a compreensão das pessoas que a cercam e que com ela convivem, esse período será tranquilo. Mas o desconhecimento do que ocorre nessa fase pode provocar atritos que tornarão esse período mais tumultuado, com mais conflitos, podendo, conforme o caso, deixar marcas amargas e muitas ideias equivocadas.

Compreensão é conhecimento. É preciso ter informações para poder compreender. É preciso não ter vergonha ou medo de pedir ajuda, bem como criar um ambiente sem medo para que a criança/adolescente possa fazer perguntas e expressar suas inseguranças.

O mais importante é o adolescente sentir que é bem-vindo ao mundo adulto e que terá ajuda para compreender as transformações pelas quais está passando. Em muitos casos, os adolescentes, com sua franqueza e curiosidade, ajudam a criar um ambiente acolhedor e aberto a discussões. Em outros casos, assustam com sua energia. Nos dois casos, a conversa é fundamental.

Entretanto, como nem tudo é perfeito, para muitos adolescentes, o ambiente ideal seria aquele em que não houvesse regras nem limites, como se fosse possível viver em sociedade desse jeito. É aí que reside o desafio de entrar para o mundo adulto: os adultos devem se esforçar para construir um ambiente acolhedor e seguro, com normas claras; os adolescentes devem tentar enxergar esse esforço e se adaptar ao novo mundo, que tem regras e limites.

2
Namoro ou amizade?

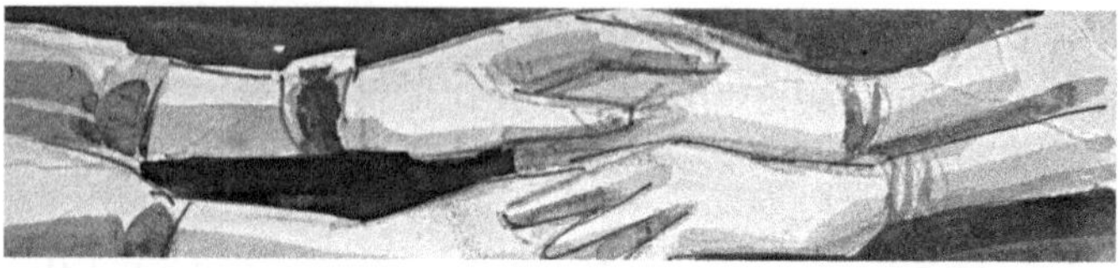

Ana Beatriz, 14 anos, diz que não vai querer um casamento como o da mãe. Acha a vida da mãe muito chata.

Pedro, 11 anos, diz que não vai se casar. Acha que o pai é muito triste porque se separou e concluiu que o casamento não é boa coisa.

Tiago, 15 anos, quer se casar com a namorada. Está cheio de planos para o futuro.

Karina, 12 anos, diz que nem pensa nessas coisas. Por enquanto, só quer ficar.

Existem várias formas de relacionamento, porque cada pessoa se envolve de determinada maneira.

Namorar, ficar, paquerar, azarar, chavecar... são tantos os verbos utilizados para mostrar que estamos olhando para uma pessoa de um jeito diferente, especial. Um dia, o menino descobre que a amiga, com quem convive desde o segundo ano, está mais bonita, mais engraçada, mais tudo. Ele se pergunta como não viu isso antes. Mas é assim mesmo. É de repente.

O prazer da descoberta

Quando Marina disse que gostava de ficar porque não estava a fim de namorar, a mãe não entendeu nada. Disse que não queria que a filha ficasse por aí. Que não era legal, que os outros iam falar mal dela. Marina respondeu que não ficava por aí, mas não conseguia explicar o que rolava.

Tudo começou numa festa. Alê chegou perto de Marina para conversar. Ele começou a brincar com seus cabelos, e ela nem sabia explicar direito como rolou o beijo. Se alguém lhe perguntasse, diria que "rolou um clima". Mas será que a mãe ia entender que clima era esse que rolou?

Marina e Alê ficaram na festa. Rolaram mais alguns beijos, depois um silêncio, até que o pai de Marina veio buscá-la (ela sempre achava que o pai vinha buscá-la cedo demais). Depois, pensando no que aconteceu, Marina concluiu que foi gostoso, mas que ela não queria namorar Alê. Não queria ter obrigações.

Mas não quis explicar isso a sua mãe.

Alexandre também ficou pensando sobre o que tinha acontecido. Nunca tinha reparado muito em Marina. Mas ela era legal, e ele ficou surpreso em ver como ela beijava bem. Alguns amigos tentaram um coro de gozações, porém ele não achou graça. Ele bem que queria ter ficado mais com ela.

Ficou se perguntando como seria a segunda-feira. Como Marina agiria?

A segunda-feira chegou e trouxe a Marina de sempre: amiga, sorridente, falante. Alê concluiu que tudo não tinha passado mesmo de "um clima".

O caso de Marina e de Alê é apenas um exemplo. No verbo "ficar" cabem muitos sentimentos, sonhos e decepções. Há os que ficam e depois sonham com namoro; há os que se entristecem porque não era nada do que imaginavam; e há aqueles que ficam, mas são jovens demais para ter um relacionamento amoroso sério. No entanto, há um denominador comum a todos esses "ficares": é um momento de descoberta e de autoconhecimento, e em que os adolescentes têm prazer em compartilhar algo. São os primeiros carinhos que damos e recebemos, os primeiros sinais que nos dizem do que gostamos e do que não gostamos. É quando nos damos conta de que gostamos de alguém em especial, que desejamos o carinho dessa pessoa, que queremos estar com ela e que todo o resto não tem importância.

Nem tudo são flores nesse "ficar", nesse gostar por algumas horas. Não há compromisso com o sentimento da outra pessoa e isso é muito próximo de não ter respeito pelo outro. Muitas vezes, permite-se uma intimidade física sem que haja nenhum tipo de envolvimento emocional.

Para alguns, parece que as pessoas nem se importam. Mas muitas adolescentes perguntam por que os meninos ficam e depois nem olham para a menina com quem ficaram, e muitos adolescentes querem saber por que as meninas querem namorar. É uma espécie de sensação de vazio, pois se compartilha o corpo e não se compartilham as emoções e os sentimentos.

Nessa fase tão nova, surgem muitas perguntas: será que os meninos têm sentimentos diferentes das meninas? Será que as meninas são mesmo mais sensíveis e românticas que os meninos? E os meninos só pensam em sexo e não têm sentimentos?

Há diferenças entre meninos e meninas, mas não exatamente nos aspectos levantados pelas questões apresentadas. Antes de falarmos das diferenças, vamos lembrar que todas as pessoas, crianças, jovens, adultos e idosos, gostam de carinho, atenção, de ter alguém perto que ouça com dedicação e respeito o que têm para contar, todo mundo quer se sentir especial para outra pessoa, nem que seja por um momento.

No que diz respeito às diferenças na adolescência, uma das principais é o desenvolvimento físico das meninas, que começa antes das mudanças que ocorrem nos meninos.

Por volta dos 11 ou 12 anos, as meninas entram na puberdade, isto é, começam a apresentar as mudanças físicas em consequência da produção dos hormônios sexuais fabricados pelos ovários. Aparecem pelos na região pubiana, o seio começa a se desenvolver, acontece a primeira menstruação. Essas mudanças físicas provocam alteração na atitude das meninas. O corpo transforma-se, e é preciso prestar atenção ao que ele nos diz. Inicia-se uma fase de grandes descobertas e muita ansiedade. Há uma vontade grande de ser bonita e ser notada pelos meninos, em geral os meninos das classes mais avançadas.

Entre os 12 e 13 anos, os meninos, por sua vez, entram na puberdade e começam a apresentar as mudanças provocadas pelos hormônios. Eles crescem, os órgãos genitais tornam-se mais volumosos, a musculatura mais desenvolvida, aparecem pelos pubianos, espinhas e uma penugem que não é barba e que irrita, mas que também traz orgulho. A voz muda e, às vezes, falha. Os meninos também têm muitas dúvidas: vou ser alto? Quando vou poder fazer a barba? Essas espinhas algum dia vão desaparecer? As meninas me acham atraente?

Novos corpos, novas mentes?

Ana Paula olhou-se no espelho e ficou horrorizada. Estava um monstro. Uma baita espinha bem no meio da testa. Ficou desesperada.

O novo corpo traz uma avalanche de incertezas. Como lidar com ele? Como não parecer desengonçado? Meu pé é muito grande? Meu ombro é largo? Vou ter coragem de tocar numa menina? Vou saber beijar? Como fazer? O que fazer? O que dizer? Como dizer? E se ele me achar ridícula? E se ela me achar babaca?

Quem pode responder a essas e a tantas outras perguntas?

Para alguns, achar a resposta é fácil; para outros, é um caminho mais difícil. Os adultos, pais e professores podem ajudar muito nessa busca, lembrando sempre que não há dúvidas irrelevantes e não há perguntas bobas. Qualquer dúvida deve ser esclarecida com seriedade e honestidade.

Além da diferença entre o ritmo de desenvolvimento físico dos meninos e das meninas, há outros fatores que fazem com que o comportamento de meninos e meninas seja diferente.

Por exemplo, pense no modo como se educam os meninos e as meninas. É verdade que hoje as meninas jogam futebol e fazem uma porção de outras coisas que há algum tempo eram consideradas "de meninos". No entanto, ainda há estereótipos que são seguidos e estimulados pela sociedade e pelos meios de comunicação.

Conhece aquela frase "homem não chora"? Hoje se ouve menos esse tipo de frase, embora, muitas vezes, quando um garoto chora, é chamado de mariquinhas ou babaca.

Vamos refletir: que expectativas há por trás desse tipo de frase? Será que significa que pessoas do sexo masculino não sofrem? Ou será que o sofrimento masculino é diferente do feminino? Ainda se espera do homem que ele seja machão, valentão e o choro é visto como sinal de fraqueza? Tudo bobagem. Os sentimentos são os mesmos. Pessoas mais sensíveis choram com mais frequência, porque se comovem diante de qualquer situação que envolva emoção. Há pessoas que só choram diante de situações muito dramáticas. Isso não a torna melhor ou pior. É apenas um jeito de ser e de lidar com as circunstâncias.

O dia dos namorados estava chegando, e Tiago estava superansioso. Ele queria escrever um cartão para a namorada, mas morria de vergonha e tinha medo de que ela fosse achá-lo ridículo. Perguntou para a irmã o que ela achava.

– Acho superlegal. A Rê vai amar.

– Mas eu nem sei o que escrever. Escreve pra mim. – Tiago pediu com seu olhar SOS.

– Tem graça? Eu vou escrever seu cartão? Larga de ser tonto. Escreve o que você sente.

Tiago foi para o quarto. Ficou um tempão pensando em tudo o que sentia por Rê. Ela era a sua melhor amiga, era legal e meiga e era muito gostoso estar com ela. Mas ele não ia escrever tudo isso. Ela ia rir da cara dele. Decidiu escrever:

Rê, eu te amo muito.

Agora só faltava dar o cartão. Ele não queria que fosse no colégio. Talvez pudesse entregar na saída ou de tarde, quando fosse para a casa dela. Ia ter de perguntar para a irmã.

Rê tinha feito um supercartão para Tiago. Estavam namorando fazia três meses, e ela não sabia se era legal comprar um presente: ele poderia ficar sem graça. Conversou com a mãe, que a aconselhou a fazer o cartão. Renata achou uma boa ideia. Se ele não lhe desse nada, não ficaria tão sem graça.

No dia dos namorados, parecia que tudo ia dar errado. Tiago mal olhou para Rê, e ela estava achando que ele não gostava mais dela e que ia terminar tudo. Justo naquele dia. Seria a maior sacanagem.

Na saída da escola, ele perguntou se podia almoçar na casa dela. Ela disse que sim, mas sua amiga Simone também quis ir. Renata não teve como dizer não, pois todo mundo sabia que, na casa dela, sempre tinha almoço para quem quisesse.

Depois do almoço, Tiago ficou rezando para Simone ir embora, mas ela não ia. Ficou falando, contando casos, ouvindo CDs.

Foi horrível. Tiago tinha de ir embora: tinha aula de inglês e não podia faltar. Quando ele estava pensando como ia fazer para dar o cartão, Simone disse que tinha dentista e que ia embora.

"Graças a Deus", pensou Tiago.

Quando Renata fechou a porta, olhou para Tiago e disse:

– Não vai embora que eu preciso te dar uma coisa. – E foi correndo para o quarto.

Voltou com um cartão bem bonito.

– Fiz para você.

Tiago abriu o cartão e leu:

Ti, te amo muito.

Tiago, então, abriu a mochila e tirou seu cartão.

Quando Renata leu o que estava escrito, começou a rir. Os dois escreveram a mesma coisa. Era demais!

Abraçaram-se, e Tiago foi para a aula de inglês.

Até que foi fácil dar o cartão...

Essa é uma situação comum, mas que retrata bem a dificuldade que todos têm em expressar seus sentimentos. Insegurança e medo são sentimentos naturais.

Tiago temia parecer ridículo escrevendo um cartão. Temos a impressão de que homem não pode escrever o que sente.

Renata estava insegura porque as meninas são, muitas vezes, educadas para dissimular seus sentimentos. E se Tiago achasse que não é legal menina fazer declaração de amor?

Assim, os dois economizaram palavras, esconderam a intensidade de seus sentimentos, para depois rir da situação.

Se este livro fosse sobre Tiago e Renata e se eles continuassem juntos mais um ano, tenho certeza de que o próximo dia dos namorados seria diferente.

Compartilhando a intimidade

Com todas essas mudanças no jeito de gostar, na vontade de se tocar e de trocar carinhos, chega a hora em que temos de tomar decisões que envolvem um contato mais íntimo: a relação sexual. Transar ou não transar é apenas uma das questões. Há muitas outras: Onde? Com quem? Quando? Como? Depois de quanto tempo de namoro? Para quem perguntar? Com quem falar sobre isso? Quais são os riscos? Com que idade a gente deve perder a virgindade?

Temos uma enxurrada de dúvidas, uma enorme insegurança e um medo do desconhecido.

Não há receitas, e as respostas não são iguais para todos, porque cada um tem sua história. Não há uma idade definida para ficar ou namorar. A gente deve namorar quando conhece bem os próprios limites, quando consegue perceber o que quer e o que não quer, quando consegue dizer não para os outros. Isso pode ser aos 12, aos 15 ou bem mais tarde. Quem sabe?

Conhecer bem os próprios limites significa pensar em si. Não se pode beijar, por exemplo, se o sentimento é de que não se gosta de beijar, de que se tem vergonha, de que não se quer que aconteça ali, naquela festa, com aquelas pessoas por perto.

Rita não queria ir à festa. Tinha certeza de que não ia gostar. Mas Renata insistiu.

– Puxa, Rita. Vem comigo. Eu não gosto da turma de Débora, não quero ficar sozinha na festa. Depois você pode dormir na minha casa.

Rita foi. E foi legal. Sua mãe sempre diz que é assim mesmo. Quando a gente menos espera e menos quer, a festa é boa. Mas foi boa só até Pedro chegar perto e tentar ficar com ela. Ele já havia tentado em outra festa, e ela disse que não queria. Dessa vez ele tentou com mais insistência, e ela ficou muito brava.

– Pedro, sai do meu pé. Não vou ficar com você.

– Por que não?

– Porque não gosto de você, porque não quero, porque você é chato.

– Eu sei que você não pensa assim.

– Você não sabe o que eu penso, e eu sei o que não quero.

Rita virou as costas e foi para outro canto. Chateada, porque gostava de Pedro, porque queria ter ficado com ele, mas achava que, depois de ficar, ele não ia querer mais olhar para ela. Era isso que sempre acontecia com suas amigas.

Rita queria um namorado. Alguém que ficasse ao lado dela, torcendo por ela, compartilhando suas inseguranças, suas conquistas, seus sonhos.

Todo mundo quer o companheiro ou a companheira dos sonhos de Rita. O "ficar", muitas vezes, traz uma sensação de frustração, de que o vazio não foi preenchido e de que esse contato muito rápido, muito superficial e descompromissado deixa faltando alguma coisa, aquela cumplicidade que é tão importante em relações próximas, com amigos, com pais, com irmãos.

Por isso, para "ficar", é preciso saber dizer não como Rita disse. Ela até que gostaria que Pedro a beijasse, mas sabia que ia ficar triste depois. Então se protegeu.

Muitos leitores vão dizer:

– Que tonta que ela foi. Se não arriscar, nunca vai saber se vai rolar mais alguma coisa com Pedro. Talvez, ele até queira namorá-la.

Concordo. Muitas vezes temos de arriscar, pagar para ver. É por isso que é preciso se conhecer bem. Saber se vai aguentar se arriscar e talvez se frustrar ou se tudo bem se arriscar e seja o que Deus quiser. Isso é conhecer os próprios limites e respeitá-los.

Frequentemente, essa falta de clareza dos próprios limites é que leva a relações sexuais que acabam tendo consequências desastrosas, como uma gravidez precoce ou uma doença sexualmente transmissível.

Conhecer os próprios limites é saber como a gente gosta de ser tratado. É não se sentir obrigado a fazer o que não quer, ou seja, é conseguir dizer não sem medo.

Por medo de se envolver, por insegurança, por medo de olhar para os próprios sentimentos ou por receio do que o grupo vai dizer, muitos adolescentes acabam cedendo ou acabam decidindo pela simples relação sexual, por uma satisfação imediata ou para provar que são capazes.

Provar para quem? Para quê?

Quando engravidou, Adriana ficou perplexa. Estava com 15 anos e só tinha tido uma única relação sexual, com Rogério, que namorava havia um mês. Nunca imaginou que uma primeira e única relação sexual tivesse todo esse poder. Rogério também não tinha pensado em se precaver. Método contraceptivo? Pra quê? Eles queriam transar e pronto. Pois é, aconteceu!

Aconteceu com Adriana e acontece com tantas Adrianas, Ritas, Caróis, com tantos Rogérios, Josés e Pedros. A questão é: por quê? Afinal de contas todos já ouviram falar em camisinha, em pílula, em período fértil. Tantas palestras na escola, tantas informações nas aulas de ciências e de biologia.

Então, por que acontece?

Porque não há espaço para os adolescentes colocarem suas dúvidas, porque muitos adultos têm dificuldade em discutir a sexualidade, pois é como se expusessem a deles.

Vivemos em uma sociedade extremamente erotizada, em que a televisão tem um papel muito nocivo mostrando modelos de relacionamento que não correspondem à vida real.

Campanhas para usar camisinha não bastam. Os jovens precisam de reuniões em pequenos grupos onde possam vivenciar situações hipotéticas sobre sua realidade. A aula de ciências sobre o aparelho reprodutor não basta. É preciso abrir espaço para o adolescente expor suas dúvidas sobre o que está acontecendo com ele. Sem discussões abertas, em que o jovem possa se posicionar, haverá conceitos equivocados, pois ele forma, entre fendas e brechas, meias ideias, sabe meias verdades e toma atitudes sem responsabilidade.

Podemos imaginar vários desfechos para as histórias relatadas, que milhares de adolescentes vivem todos os dias.

Muitos jovens não recebem apoio da família. Para muitos pais, o namoro "grude", em que o jovem casal quer fazer tudo junto, quer estar junto o tempo todo, traz muita preocupação. Os pais temem que os jovens tenham relações sexuais sem estarem maduros o suficiente para isso, temem gravidez precoce, temem doenças sexualmente transmissíveis. Ao mesmo tempo, estudos mostram que os adolescentes que não são apoiados e acolhidos correm muito mais riscos. Os jovens precisam de canais abertos para conversas honestas. Quanto maior for o interesse dos pais pelos filhos e pelos namorados ou namoradas dos filhos, mais espaço haverá para que os jovens exponham suas dúvidas e seus desejos.

O cerne da questão não é ter relações ou não. O mais importante é compreender como as relações se estruturam hoje, é ajudar os adolescentes a refletir sobre a importância de compartilhar valores e sentimentos antes de compartilhar o corpo.

Prevenção e debate

Há outro fator que exige esclarecimentos e amplo debate. Trata-se das doenças sexualmente transmissíveis, conhecidas pela sigla DSTs. Na maioria da vezes, as campanhas são voltadas para a Aids, mas é preciso atenção para as outras doenças transmitidas por contato sexual.

O único método de se prevenir contra essas doenças é usar camisinha. Relação sexual sadia implica honestidade, respeito e franqueza para que os parceiros possam compartilhar suas experiências, seus medos e suas dúvidas.

3
Droga de drogas

O consumo de drogas entre adolescentes tem aumentado muito. Quando falamos de drogas, não estamos falando só de maconha, cocaína, *crack*. Estamos também falando de tabaco e de álcool.

O pai de Diogo entrou no quarto do filho batendo os pés. Dirigiu-se ao aparelho de som e desligou-o. Virou-se para o filho e gritou:

– Isso é jeito de ouvir música? Tem cabimento? E que música? Mais parece bate-estaca! Fica ouvindo esses drogados, vai virar um também!

Perplexo, Diogo olhava o pai. O pessoal dos Titãs, do Cidade Negra, do Oasis não era drogado. Eram bandas boas, tinham um som legal. O pai nunca parou para ouvir.

Esperou o pai sair do quarto e colocou a música de novo. Dessa vez, num volume mais baixo.

Embora as situações relatadas neste livro sejam ficcionais, elas retratam muito proximamente a realidade do adolescente de qualquer classe social.

Diogo não estava pensando em drogas quando ouvia música. Curtia o som que o pessoal da idade dele gosta. Devia ouvir num volume mais baixo, para não perturbar os outros, mas daí a pensar em drogas...

Música tem relação com drogas?

Durante muito tempo se associava o sexo sem precaução às drogas e ao *rock*. Quem ouvia *rock* era considerado drogado e praticava sexo sem responsabilidade.

Como qualquer outra manifestação artística, a música é uma linguagem que expressa o que acontece à nossa volta. Ao ouvirem certos ritmos, os jovens identificam-se com o ritmo que a vida deles tem ou que eles gostariam que tivesse.

O *rap*, por exemplo, nasceu nas comunidades pobres, que vivem à margem da sociedade de consumo. É um som com ritmo duro, bem marcado, que reflete a difícil vida desses jovens que convivem com a violência e a criminalidade, com a necessidade diária de sobreviver. Ele não poderia nascer entre jovens que têm vida confortável e segura, pois suas letras expressam a rudeza da vida.

Heavy metal, ou *rock* pesado, por sua vez, apareceu quando o ritmo da vida ficou tão rápido que se tornou difícil entender o que estava acontecendo, para onde o mundo estava indo.

Não há problema em gostar de *rap*, de *rock*, de MPB, de música clássica, de *blues*, de pagode e de tantos outros estilos musicais, pois se identificar com um determinado estilo de música pode revelar certos traços de personalidade entre jovens, nada muito definitivo e rotulado.

Num mundo onde tudo acontece com uma incrível rapidez, onde o que valia ontem não vale mais hoje, onde as próprias relações parecem descartáveis, onde devemos repensar nossas opiniões a todo instante, nesse contexto a música é um grito de alerta, e devemos nos perguntar por que, muitas vezes, os jovens se identificam com cantores agressivos e preferem cantar músicas cujas letras parecem não significar nada.

Entretanto, também devemos nos perguntar por que esse tipo de música é o mais divulgado. É preciso pensar que isso reflete as estratégias dos meios de comunicação, que optam sempre por procurar atingir o maior número possível de pessoas, massificando o gosto popular.

Desde sempre a música reflete a sociedade. As danças camponesas da Idade Média celebravam o tempo da semeadura, o sucesso da colheita. Eram danças que não combinavam com os salões da nobreza. Nesses, as danças e as músicas expressavam as relações pessoais que se estabeleciam naquela classe social.

A música hoje traduz a rapidez das mudanças, a energia necessária para viver as diferentes situações, a necessidade de falar alto para ser notado e se fazer ouvir.

A música e o espaço em que se manifesta – os grandes *shows* – parecem ajudar o jovem a sair do anonimato e a sentir que pertence a algum lugar e grupo.

O adulto pergunta:

– *Como você pode gostar deste som?*

E o adolescente responde:

– *Eu gosto. Acho maneiro.*

O adulto dá de ombros e sai de fininho. É preciso comentar, perguntar, ouvir. Isso ajuda o próprio adolescente a entender a razão de suas escolhas. Uns ouvem o que o grupo ouve, para não se sentirem por fora. Outros escolhem determinadas músicas porque, incapazes de se fazerem ouvir, consideram os cantores seus porta-vozes. Ser fã de um determinado cantor, grupo ou estilo é como dar uma autorização, uma procuração que permite que fale, que reclame, que agrida, que declare em seu nome.

Como lidar com o dragão das drogas?

As drogas não são novidades da sociedade moderna. Muitos povos antigos usavam drogas em rituais e cerimônias religiosas ou para fins medicinais, sempre sob controle de pessoas que conheciam as ervas, que sabiam como usá-las sem prejudicar as pessoas, os chamados pajés ou xamãs. Ainda hoje, alguns povos as utilizam.

Entretanto, atualmente assistimos ao uso indiscriminado das drogas e à ligação de algumas delas com o crime organizado, chefiado pelos traficantes.

Muitos se perguntam por que o jovem usa drogas. Alguns jovens buscam fugir da realidade que julgam não conseguir enfrentar, como busca ilusória da superação de problemas não resolvidos ou válvula de escape das tensões do dia a dia.

Para conversar sobre drogas, não é preciso criar histórias fictícias. Infelizmente, as drogas estão muito próximas de qualquer escola, em qualquer bairro e cidade. Todo mundo sabe contar uma história sobre alguém que se envolveu com drogas. Toda escola tem sua turminha que se reúne escondida para fumar um baseado ou tomar cerveja no bar próximo da escola.

Periodicamente há reportagens relatando que crianças de nove ou 10 anos de idade consomem álcool, o que é inadequado para esta idade.

Não vamos falar aqui do que é certo ou errado. Todos sabem que fazer uso de drogas cria dependência, tem consequências físicas sérias e estimula o crime organizado. Vamos tentar entender o que leva alguns jovens a usar drogas e outros não.

Há tempos os adolescentes e jovens do mundo inteiro vivem ausência de perspectiva, carências afetivas, falta de espaço para expressar suas dúvidas e dar suas opiniões. O anonimato das grandes cidades, a crise econômica que obriga os pais a trabalhar cada vez mais e chegar em casa tarde e sem energia para conversar, o desemprego que se torna às vezes a preocupação principal dos pais, fazendo-os se esquecer de dar atenção aos filhos, pais que delegam a educação para babás ou motoristas... Ao mesmo tempo, o adolescente está passando por um importante processo de individuação, em que deseja sentir-se diferente dos pais e ser aceito no grupo.

É nesse caminho entre o "paraíso infantil", em que somos protegidos e não precisamos fazer muitas escolhas, e a vida adulta, em que temos de nos cuidar e nos proteger, que se encontra a encruzilhada crucial e decisiva.

Para alguns, é um caminho tranquilo, em que essa mudança ocorre suavemente. Para outros, é uma encruzilhada mesmo, porque o mundo adulto parece assustador ou porque falta motivação e perspectiva e tudo parece cinzento e muito árido. Outros gostam de correr riscos, ser diferentes, parecer ousados.

A busca da autonomia e da independência, a procura desesperada por uma identidade e por valores próprios, a ansiedade e o desconforto físico, a ilusão do poder mágico das drogas, a pressão social do grupo, tudo isso faz parte do leque de razões que levam ao uso das drogas.

Reprimir não é ajudar

A ajuda a adolescentes usuários de drogas não se dá por meio da repressão ou da punição. Quanto melhor o canal de comunicação na escola e em casa, quanto mais informações os jovens têm sobre as implicações no uso de drogas, mais fácil será ajudá-los a abandonar o vício. E mais! Não bastam as campanhas que tentam incentivar o uso de camisinha, não basta a escola oferecer palestras sobre os efeitos nocivos das drogas.

A escola é um espaço importante que deve oferecer atividades extracurriculares que tirem a garotada das ruas. Muitas escolas públicas oferecem essas oficinas e têm apresentado ótimos resultados.

Os pais, por sua vez, também têm medos e inseguranças. Com quem dividir a desconfiança de que o filho fuma maconha? Quem pode me dizer onde fracassei? O que vão pensar de mim? Essas dúvidas são normais. Afinal, não existe um manual para aprender a ser pai e mãe, e cada filho tem sua personalidade e seu modo de interagir e reagir; é preciso ser um tipo de pai e de mãe com cada um dos filhos. Um momento difícil requer tranquilidade, tempo para acomodar o medo, enfrentar a realidade, reconhecer que recorrer à ajuda de especialistas ou amigos não é sinal de incompetência mas de sabedoria.

A passagem das drogas leves para as pesadas não é nítida, e muitos adolescentes vangloriam-se de só fumar cigarro ou maconha ou então de só beber algumas cervejas.

Infelizmente, a onipotência que caracteriza o adolescente, fazendo com que acredite que nada vai acontecer com ele, contribui para esse comportamento que desafia.

O jovem que usa drogas não deseja a aprovação pelo uso, mesmo porque sabe que não é uma coisa boa. Ele quer ajuda para buscar outras soluções. Muitas vezes é o grito definitivo pedindo limites, tão importantes para nossa integridade física e emocional.

Ameaças e proibições que não têm argumentos plausíveis e claros fazem com que o adolescente se feche e busque um grupo que o aceite e que o proteja.

Para os pais, fica a orientação de interferir sim, mas com espaço aberto para o diálogo franco, em que não haja constrangimento de expor os medos, as dúvidas e as angústias e principalmente dar todas as informações objetivas.

Para os jovens, fica o alerta de que o grupo de amigos nem sempre é o meio mais protegido e seguro. Buscar nas drogas a solução para o medo de crescer e de assumir responsabilidade é uma ilusão. Quem já buscou essa saída sabe que ela leva a um caminho, muitas vezes, sem volta e muito mais triste do que o caminho natural de crescer e ganhar identidade e autonomia, o que frequentemente não deixa de ser duro.

Aos pais e professores, que são a referência para os adolescentes, cabe criar o ambiente propício às discussões honestas, em que não imperem nem medo nem fingimento.

Os adolescentes, por sua vez, também devem batalhar por um espaço em que possam se posicionar com franqueza.

Um relacionamento franco, honesto, em que os pais e os filhos se respeitem e em que possam falar de suas experiências, de seus medos e de suas dúvidas com segurança, sabendo que serão ouvidos com carinho, não impede que determinadas regras sejam exigidas e debatidas. Por exemplo, deve-se discutir que o uso da camisinha é obrigatório e essencial para evitar doenças sexualmente transmissíveis (chamadas DSTs), Aids e gravidez indesejada; que a promiscuidade deve ser abolida, embora os pais devem considerar que os filhos estão se descobrindo nas relações, portanto é perfeitamente natural num dia achar que gosta do namorado e no dia seguinte, não; e que não compartilhar seringas é fundamental para evitar a Aids.

4
Que língua é esta?

Dieguinho fala para gata: oi gata afim de tc comigo?
gato solitário fala para Lindinha: é seu nome ou é nick?
Charles da Flórida fala para bruxinha: OI. QUER TC?
Lindinha fala para gato solitário: é meu nick.
Gata fala para Dieguinho: Kero. qtos anos vc tem?
gato solitário fala para Lindinha: blz. Onde vc mora?
Bruxinha sai da sala.
Zorro entra na sala.

Parece conversa de louco? Parece mensagem cifrada? Nada disso. É a reprodução de uma conversa em uma das salas de bate-papo da Internet, entre adolescentes de 12 e 16 anos.

É isso que muitos adolescentes fazem nas horas livres. Entram nessas salas e conversam com pessoas de diversos lugares. Como querem que a "conversa" flua, usam as mais diferentes abreviaturas.

Pais e educadores ficam preocupados. A meninada passa horas batendo papo com amigos ou com estranhos. Em geral, com os amigos eles conversam pelo ICQ, um programa de bate-papo da Internet, no qual se encontram usuários do mundo todo e que é mais eficiente para se comunicar virtualmente. Nas salas de bate-papo, entra tudo que é gente e rolam as mais estranhas conversas.

Por trás de Dieguinho, de gata, de Lindinha, do Charles

da Flórida..., escondem-se Carol, Diego, Maria, Flávio... Ao se dar um apelido é como se o adolescente colocasse uma máscara em um baile a fantasia. Com o apelido, posso ser o que eu quiser, porque ninguém vai me reconhecer, posso dizer o que penso, posso falar besteira, posso tentar conquistar uma menina ou um menino... A sensação é de que posso tudo.

Cláudia era uma menina muito tímida. Mudou de escola no oitavo ano e teve muitas dificuldades em se integrar à turma. Depois do primeiro trimestre, ficou amiga de Luciana, também quieta e com poucos amigos. No recreio eram as duas andando de cá pra lá, sem que ninguém ligasse para elas.

Cláudia e Luciana transformavam-se ao chegar em casa depois das aulas. Cláudia almoçava e esperava a professora particular. Ela ia mal em matemática e precisava de ajuda. Luciana ia duas vezes por semana à aula de inglês. Depois desses compromissos e das lições, elas ligavam o computador e entravam na sala de bate-papo. Cláudia era Rosa Solitária, e Luciana era Serelepe.

Com esses apelidos, elas eram paqueradas e paqueravam, faziam amigos, podiam compartilhar suas ideias e sua rotina. Elas se sentiam bonitas, interessantes, conseguiam fazer charminho.

O dia seguinte era igual. A escola, ambiente carregado. O quarto e o computador, o mundo acolhedor.

Não adianta ignorar as salas de bate-papo e os *blogs*, que são diários expostos na Internet. Os pais e os educadores têm de entrar em contato com esse novo universo, decifrá-lo, compreender o significado que têm para os adolescentes, para poder discutir o assunto e ajudar aqueles que encaram a rede como refúgio.

Não adianta mandar sair da frente do computador. É melhor entender o que quer dizer a frase: "Deixa eu terminar de conversar com fulano".

Conversar? Sozinho em frente ao computador?

A menina ou o menino não estão sozinhos. Há 7, 8, 12, 18, 20 pessoas ou mais em uma sala de bate-papo. Há alguns jovens inconvenientes, grossos, mal-educados. Mas muitos são bastante simpáticos.

De onde tc?
Tijuca. E vc?
Madureira. Qtos anos vc tem?
12. E vc?
14. Vc entra sempre na net?
Não todo dia. Tenho aula, lição de casa. E vc?
Tb não. Minha mãe pega no pé.
Vc tem foto?
Para quê?
Para ver se vc é bonita.

Essa é a reprodução de outra conversa. Foram eliminadas as outras pessoas que estavam na sala. É uma conversa normal, coerente. Poderia se dar em outro lugar, mas, com a Internet, é possível ter essa conversa com pessoas que estão muito longe, que não conhecemos.

O chato é que se começa a fantasiar a pessoa e algumas vezes ela não é o que parece através desse tipo de conversa.

É diferente conhecer alguém em uma festa. A pessoa aproxima-se, sorri, olha para nós, tem rosto e tem expressão quando fala, ri de alguma coisa que a gente diz, fica séria. Tem nome, os olhos têm cor e o cabelo também. Tem amigos que se juntam e formam uma roda.

Na sala de bate-papo, a conversa é com "pardal", "MIB", "ironman". A conversa é com a máquina, é impessoal. Não há fracassos, há poucas frustrações. Sempre vai existir alguém que goste de nós.

Tem seu lado bom. Conhecer pessoas, fazer amigos, trocar experiências, saber sobre outros lugares e sobre realidades diferentes é muito estimulante. O único perigo é que isso se transforme em fuga de situações reais que são difíceis de ser encaradas. Porque ser extrovertido em sala de bate-papo não ajuda a vencer a timidez e a insegurança que se sente diante dos colegas da classe. Isso poderá ser resolvido buscando ajuda, conversando com professores em quem se confia, com pais, com especialistas.

5
Somos tantos e somos um só

Há uma música de Belchior, que a cantora Elis Regina interpretava de forma muito bonita e que se chama *Como nossos pais*. Em um trecho da música a letra diz:

Minha dor é perceber
que apesar de termos feito
tudo que fizemos
ainda somos os mesmos
e vivemos
como nossos pais.

Pois é, somos todos frutos da educação e dos valores que recebemos, dos princípios que existem em nossa casa e sociedade.

João Paulo entrou no quarto batendo a porta.

Essa coisa de não sair para ir ao shopping center *em dia de semana era o fim da picada.*

A mãe foi categórica:

– *Você não vai ao* shopping center *porque dia de semana não é para ficar à toa, e você tem lição para fazer. Se quiser, pode convidar algum amigo para vir jogar com você em casa.* Shopping center, *não!*

Depois de algum tempo emburrado no quarto, João Paulo foi comer alguma coisa e decidiu descer para ver se tinha alguém no pátio do prédio.

– Mãe, tô descendo.

– Vai, filho, mas não se esquece da hora.

– Pode deixar.

João Paulo ficou bravo, "desficou", foi fazer outras coisas, e a mãe sorriu para si mesma. Não era fácil dizer não, mas ela estava aprendendo.

A família é de fato o primeiro grupo social a que pertencemos. São os pais que estabelecem os primeiros limites, transmitem as primeiras normas de convivência, selecionam os alimentos que influenciam nossos hábitos alimentares. É com o carinho e o apoio dos pais e dos irmãos que enfrentamos as primeiras situações difíceis. Eles são nossa torcida, garantida em qualquer evento, e são eles que nos aceitam como somos: chatos, birrentos, gozadores, bem-humorados, calados, falantes demais, impacientes... Enfim, é junto aos pais e irmãos que começamos nossa vida.

Claro que nem todas as famílias são iguais. Há família de mãe com filho, de pai com três filhas, de mãe com um filho e o pai com outros dois filhos de um segundo casamento. Tem gente que vive com a avó ou com a tia, ou com os pais, irmão, tios e avós. O fato é que as pessoas que nos educam são nossa família, nossa referência e nosso modelo de adultos.

– Cris – gritou a mãe da cozinha –, será que dá para faltar no inglês? A sua madrinha vem te ver.

A madrinha de Cris é sua tia Teresa. Cris até que gosta dela, mas faltar no inglês para receber visita de madrinha...

– O que ela vem fazer aqui, justo hoje? Eu não queria faltar no inglês.

A mãe foi até o quarto de Cris. Não ia dar para conversar berrando de um lado para o outro.

– Filha, eu não acredito! Você sempre quer faltar, e eu não deixo. Hoje estou pedindo, e você teima em ir?!

– Mãe – Cris já estava de mau humor –, hoje o Rodrigo disse que ia buscar a Clarissa e vai me dar carona depois da aula. Deu para entender?

– Deu, Cris. Ainda assim eu acho que ver sua madrinha... – a mãe de Cris não continuou. Fazer a filha perder a carona do Rodrigo? – Tá, Cris. Deixa que fico conversando com ela. Quem sabe ela fica para o jantar.

Cris abraçou a mãe. Ela entendia tudo. Era bem legal. Quase sempre.

Quando Cris era pequena, a visita da madrinha era uma festa. Agora era diferente. Na adolescência ocorre uma transformação. A busca de identidade, a ânsia de ingressar no mundo adulto, a insegurança e o medo de enfrentar esse desconhecido processo de crescimento, tudo isso faz com que os adolescentes queiram estabelecer as próprias normas e fazer as coisas de seu jeito. Os beijos das tias aborrecem, a vovó falar como se fôssemos bebês irrita. Parece que esses adultos, que até há pouco tempo eram nossa referência, agora são estranhos. Utilizamos todos os mecanismos de rejeição que conhecemos com um único objetivo: ter uma identidade própria. Ser diferente dos pais.

Mas ser igual a quem?

Pois é, queremos ser como nossos amigos, o professor ou a professora que admiramos, um primo que já entrou na faculdade, a prima que foi morar em outro país. Entretanto, também queremos, de algum jeito, ser como nossos pais.

Queremos ser tantos em uma só pessoa. E somos mesmo. Somos um pouco de nossos amigos, de nossos pais, do tio querido, do avô, dos professores. Mas somos também singulares, especiais, únicos. Somos uma pessoa que é impossível imitar. Isso é ser adulto. Para chegar a isso, precisamos percorrer um longo caminho e encarar erros, fracassos, frustrações, precisamos desobedecer aos pais e depois voltar atrás e pedir desculpa e mais tarde sentir raiva porque voltamos a ser crianças e não é isso que queremos. Nesse caminho é preciso ter a primeira namorada ou o primeiro namorado, levar o primeiro fora, dar o primeiro fora.

A relação com a família, nessa fase da vida, muda mesmo e é preciso parar e pensar sobre isso.

Célia é gerente de uma loja no centro da cidade. Renato, seu filho de 13 anos, volta para casa de ônibus.

Um dia, quando Célia ligou para casa, a empregada disse que Renato ainda não tinha chegado da escola.

– Como não chegou? – perguntou Célia preocupada.

– Não chegou, dona Célia. Estou esperando para o almoço.

Célia desligou e ligou para a casa de João, o melhor amigo de Renato.

– João, Renato está aí?

– Está. Viemos juntos da escola.

– Chama ele, por favor – Célia estava muito brava.

– Mãe?! – Renato sabia que vinha bronca. E das grandes. E a mãe tinha razão.

– É sua mãe, sim. Nem sei como estou viva. Como é que você vai para a casa do amigo e não avisa ninguém? Você sabe o que me passou pela cabeça? Que você foi atropelado, assaltado, sequestrado. E Ana? Esperando para o almoço como uma tonta.

– Mas hoje de manhã eu falei que talvez eu fosse... – Renato tentava limpar a sua barra. – Você disse que tudo bem.

– Você disse que talvez fosse. Se você decidiu ir, devia ter me ligado. – Célia queria dar umas palmadas. – Eu passo para te pegar depois do trabalho, e a gente conversa em casa.

Que cena comum, não? Que adolescente já não levou uma bronca parecida? Por que será que é tão difícil fazer o que os pais querem que a gente faça?

Os pais são figura de autoridade. Porém, é preciso cuidado para não confundir autoridade com autoritarismo. A autoridade dos pais vem de sua experiência e de sua responsabilidade com relação aos filhos. Eles têm a obrigação de protegê-los, garantir sua segurança, seu bem-estar e sua educação, dar afeto. Cabe a eles estabelecer as regras e as condutas que julgarem melhores para tornar seus filhos cidadãos conscientes de seu papel na sociedade.

Para os adolescentes, muitas vezes, isso tudo parece um estorvo, e os conflitos entre pais e filhos, nessa fase da vida, tendem a aumentar. O processo de se tornar adulto faz com que os jovens insistam em fazer tudo de seu jeito, diferente do que seus pais fazem. É um jeito de buscar a individualidade. Opor-se ao adulto é uma maneira de firmar posição, de se sentir capaz de dizer não. Nessa oposição há também o medo de errar e não corresponder às expectativas.

Muitas vezes os pais erram no jeito de impor regras ou impõem regras inadequadas. Os adolescentes, por sua vez, também erram quando insistem em fazer as coisas de seu jeito por teimosia. Aprende-se errando, mas se aprende também com a experiência dos outros. São aprendizagens diferentes e necessárias. No entanto, os pais têm de ser firmes nos casos em que a vida dos filhos corre perigo.

A relação ideal é aquela em que os pais conseguem ter um bom canal de comunicação com os filhos e sabem em quais situações vale a pena apoiar os filhos para que sigam suas intuições. Dar voto de confiança ao filho faz com que este ouça com mais atenção o que os pais têm a dizer e se sinta mais à vontade para expressar suas opiniões. As duas partes têm muito a aprender uma com a outra.

Se, por um lado, os adolescentes querem liberdade de ir e vir, porque julgam que são capazes disso, por outro precisam dar mostras dessa capacidade. Ir à casa do amigo sem avisar demonstra que o adolescente ainda é criança para ter certas liberdades. Liberdade implica responsabilidade. Agir como Renato agiu na história é sinal de falta de responsabilidade e de respeito para com os outros. É não levar em conta a preocupação dos pais e o medo que eles têm de que algo aconteça aos filhos. Hoje, o medo da violência e das armadilhas da cidade faz com que os pais se preocupem muito mais com a integridade física e emocional de seus filhos. Por isso, é importante compreender essa preocupação e tentar evitá-la.

Não há como impedir conflitos porque eles fazem parte da convivência. Saber ceder, respeitar o outro, não impor sem explicações são algumas das formas de tornar a convivência gostosa e rica. Impor é mais fácil, punir também, mas é improdutivo. Ouvir, divergir, argumentar e ceder torna as relações mais sólidas e duradouras.

Meus pais estão se separando, onde fico?

Ter pais separados é muito comum, mas para os filhos muitas vezes não é uma situação agradável.

Raiva do pai, pena da mãe, ou pena do pai e raiva da mãe. Mágoa, insegurança, medo, angústia. Há uma infinidade de sentimentos que afloram e que frequentemente é difícil administrar. E muitos filhos se perguntam se essa separação ocorreria se eles não existissem.

Adriana tinha 12 anos e seu irmão Paulo, 15, quando o pai os chamou para conversar.

– Estou saindo de casa – ele disse. – A mamãe e eu vamos nos separar.

Adriana ficou olhando longamente para o pai. O que será que ele esperava que ela e Paulo dissessem: "Que bom, vão acabar as brigas?, Que pena, a gente gosta de você?". O que queria que eles fizessem? Será que o pai queria que ela o abraçasse? Será que tinha de chorar?

Enquanto o pai dava umas explicações meio confusas, ela foi se lembrando das discussões entre seus pais, como eles tentavam fingir que estava tudo bem, como nos últimos tempos a casa tinha ficado triste.

– A gente vai continuar se vendo sempre... – o pai terminava a conversa.

Paulo olhou para Adriana, levantou-se e saiu. Adriana ficou com pena do pai.

– Não liga, pai. Acho que Paulinho ficou muito triste. Você vem mesmo ver a gente sempre?

Cabisbaixo, o pai disse que sim e abraçou a filha.

A reação de Paulo e de Adriana é apenas um exemplo. Cada um reage à situação de um jeito. Não há regras. Uns choram, outros se calam. Há os que ficam bravos e os que dizem que entendem. Para todos, é um momento de dor, de perda, de insegurança.

Depois surgem outras questões: será que tenho de gostar só da minha mãe? Ou só do meu pai? Tenho de dizer quem tem razão? É difícil. Tem horas que a gente acha que a mãe tem razão. Em outro momento é o pai que parece certo. Será que vou poder escolher com quem morar? Será que vou poder ver meus pais sempre que eu quiser? Quem vai decidir? Se um deles casar de novo e eu não gostar da pessoa? Se essa pessoa tiver filhos chatos? Será que o novo marido de minha mãe ou a nova mulher de meu pai vão gostar de mim? Será que tem jeito de fazer com que meus pais não se separem?

Os pais também têm dúvidas que não sabem responder: meus filhos vão continuar a gostar de mim? Estou fazendo a coisa certa? Será que vão querer morar comigo? Será que vamos continuar nos dando bem? Como fazer para que sejam felizes apesar da separação?

Existem muitas outras dúvidas, porque cada família é única e tem uma dinâmica própria. Algumas perguntas são respondidas logo; outras não, pois só o tempo poderá responder; e outras ficam sem resposta.

Para os pais, é um momento de dor também. Muitos casaram jovens e apaixonados, investiram em seus sonhos, fizeram planos. Concluir que não dá mais para realizar os sonhos juntos é muito frustrante.

A separação é como se as regras do jogo mudassem no meio do caminho e as peças todas tivessem que ser rearranjadas. Será, sem dúvida, um novo jogo em que todos terão de se reacomodar e elaborar novas regras.

Durante esse processo, a única coisa a fazer é conversar abertamente sobre o que está acontecendo, sobre o que se está sentindo. É preciso falar do medo e da decepção. Só assim esse processo, que não é nada fácil de ser vencido, torna-se mais fácil de ser vivido.

Os filhos devem lembrar sempre que os pais continuam sendo seus pais. O que terminou é a relação dos dois adultos, do marido e da mulher, e não a relação dos filhos com seus pais. Não cabe aos filhos serem juízes de seus pais e isso nem deve ser cobrado deles. Não ter de julgar o casamento dos pais já é um bom começo para restabelecer o novo jogo, de forma que, passada a primeira fase e a mais dolorosa, as relações voltem a ser prazerosas.

Meus irmãos, meus...

Meus irmãos podem ser meus amigos em um momento e meus inimigos em outro. Essa coisa de irmãos é complicada, às vezes.

Marina pegou a blusa de Ana sem pedir. É que Ana não estava em casa e era a única blusa que ia combinar com sua calça nova. Pedro ia passar na casa delas para buscar Marina para assistirem a um jogo no colégio.

Quando Ana entrou no quarto, viu logo que Marina tinha andado por lá. Foi olhar no armário e sentiu falta da blusa. Saiu aos berros pela casa:

– Assim não dá! Não aguento mais! Será que a Marina não vai parar de pegar minhas coisas? E ainda por cima sem pedir.

Carmem, mãe das meninas, correu para ver o que estava acontecendo.

– Toda essa gritaria por causa de uma blusa? Tenha dó. Sua irmã não vai comer a blusa. Vai usar, vai lavar e devolver.

– Mas ela não pode pegar sem pedir. Não pode abrir meu armário e simplesmente pegar – Ana estava indignada.

Algum tempo depois Marina entrou chorando em casa. Não quis conversa. Quando Ana foi saber o que tinha acontecido, Marina desabou:

– O Pedro ficou com a Carla. Você acredita? Eu tinha certeza de que ele ia ficar comigo. Por que ele me convidou para ver o jogo?

Ana ficou irada. Como Pedro pôde ter feito isso? Ela estava certa de que ele sabia que Marina era amarradona nele. Tentou consolar a irmã de todos os jeitos.

A blusa? Bem, Ana nem se lembrou da blusa. Ela estava furiosa com Pedro.

Marina admirava a segurança de Ana. Seus conselhos sempre eram como este:

– Vai lá e fala com ele. Diz tudo o que você sente. Esse garoto precisa aprender.

Marina jamais seria capaz disso. Ia chorar tudo que podia e mais nada.

Alguém ficou surpreso com essa história? Certamente não. Quem tem irmão sabe que da raiva extrema à solidariedade incondicional o caminho é curtíssimo.

Sentir raiva não tem nada que ver com o afeto que sentimos pela pessoa, a amizade, a cumplicidade. Ter ciúme também não é motivo de desespero.

Na adolescência, quando tentamos estruturar nossa individualidade ao estabelecermos o que admiramos ou rejeitamos, nossos pais e irmãos entram na galeria dos modelos. Às vezes, não conseguimos perceber nossas habilidades e admiramos as habilidades dos outros, considerando-as perfeitas. Isso faz parte do processo de crescer. Aos poucos, no entanto, percebemos que o irmão que julgávamos alguém sem defeito tem suas fragilidades e também que o momento de raiva pode facilmente ser substituído por um sentimento de amor.

O jeito é prestar atenção às emoções que nos dominam, tentando nos conhecer e conhecer as pessoas que estão próximas e, principalmente, admitindo que somos pessoas com múltiplos sentimentos. Dissimular sentimentos, fingir que está tudo bem quando está tudo mal, não colocar os próprios limites, deixar-se aborrecer o tempo todo, tudo isso torna as coisas mais difíceis.

Também, nesse aspecto, aprendemos errando, acertando, construindo um jeito nosso de ser e de estar com os outros.

Meu lugar na família

Se, quando criança, meu lugar na família parecia garantido, óbvio e seguro, na adolescência as coisas são menos claras. Se os pais brigam comigo, é porque não gostam de mim; se eu brigo, é porque meus pais são chatos e eu os odeio. Se meus irmãos menores fazem barulho e perturbam, são chatos e quero fazê-los desaparecer; se são mais velhos do que eu e pegam no meu pé, são metidos e se acham os melhores. Onde fico nessa confusão? Será que eu sou mesmo horrível?

A construção da identidade pressupõe também a construção de um espaço delimitado. Não é possível pegar no colo um marmanjo de 1,75 m, então os pais demonstram cuidado e amor de outro jeito. Cada um, do jeito que sabe. Há pais que buscam novas formas de carinho, outros que começam a falar de maneira mais séria com seus filhos. Há irmãos que cedem em tudo, outros ficam mais calados. Existem inúmeras formas de construir as relações. Bom senso de observação, sensibilidade para observar mudanças, conversas sobre o que se sente são elementos importantes para relações de afeto mais sólidas.

Tudo isso é um processo longo e do qual, muitas vezes, não temos muita clareza. Na adolescência as diferenças ficam muito evidentes. Afinal, os filhos vivem experiências diferentes daquelas dos pais, relacionam-se com pessoas diferentes, têm novos amigos que os pais muitas vezes não conhecem. Isso contribui para a formação da identidade do adolescente.

Embora se tenha a impressão de que os conflitos nessa fase surgem de repente, a verdade é que as diferenças entre pais e filhos ficam mais evidentes. O importante é tentar conviver com elas num ambiente de afeto e carinho.

6
Escola e escolha

A adolescência é uma fase de escolhas. Uma das escolhas mais difíceis é a da profissão, que ocorre justamente no momento em que estamos descobrindo quem somos, o que pensamos e o que queremos da vida.

A entrada na adolescência, ou pré-adolescência, começa quando os alunos estão no sexto ano. Nesse momento, a escola propõe-lhes um batalhão de professores, muitas matérias e várias formas de avaliação. Quem não se lembra do sexto ano como um marco? Tanto pode ser a lembrança de um momento legal, quanto de um momento difícil e confuso. De qualquer forma, é preciso ter fôlego para administrar mais essa mudança.

E aí, por volta dos 14 ou 15 anos, vem uma nova mudança. É a passagem para o ensino médio. Muitas vezes, a mudança de ciclo é acompanhada da troca de escola, o que significa deixar para trás os amigos e um ambiente que dominamos para enfrentar um novo universo, novas caras, novas regras. A isso se soma a expectativa crescente dos pais, da escola e do grupo no que diz respeito a nosso futuro.

Algumas perguntas começam a martelar na cabeça do adolescente: o que quero ser? O que querem que eu seja? O que esperam de mim? Como fazer aquilo que quero sem decepcionar meus pais ou meus professores?

Luís Eduardo queria fazer biologia. Era apaixonado por bichos, lia muito, interessava-se por essa área.

– Sabe, mãe – ele disse um dia –, vou prestar vestibular para biologia.

– Nem em sonho! – respondeu a mãe, sem hesitação. – Quer morrer de fome? Você vai prestar para direito. Vai ser juiz.

– Mãe, eu não levo jeito para isso. Não quero ficar lendo leis, não quero ser juiz. Quero ser biólogo.

A mãe de Luís Eduardo não estava acreditando.

– Olha, filho – ela tentou manter a calma –, ainda é muito cedo para falarmos sobre isso. Você está começando o segundo ano. Tenho certeza de que ainda vai mudar de ideia.

"Não vou mudar de ideia, mas também não vou discutir agora", pensou Luís Eduardo.

Pelo visto, Luís Eduardo terá de enfrentar muitas discussões e talvez nem consiga fazer o que quer.

Roberto tinha um sonho: ser mecânico. Não de carros da Fórmula 1. Queria ser mecânico de uma oficina comum, bem grande. Desde pequeno adorava carros, desmontava-os para ver seu funcionamento. Quando era pequeno e falava do sonho, os adultos riam, achavam uma gracinha. Não imaginavam que esse sonho acompanharia Roberto até a adolescência. Foi o que aconteceu.

Quando o pai percebeu que Roberto preferia estagiar em alguma oficina a fazer o vestibular, assustou-se. Então a escola que ele estava pagando, até com certo sacrifício, foi à toa?! Resolveu falar com o filho:

– Pode tirar essa ideia de mecânico da cabeça. Isso não é profissão para quem estudou.

– Mas, pai, é o que eu gosto de fazer. E como sou uma pessoa com bom nível escolar, vou ser um mecânico melhor.

– Nem pensar! – respondeu o pai furioso. – Por que você não faz engenharia mecânica? Juntaria o útil ao agradável.

– Não quero fazer faculdade – Roberto insistia. – Quero ser mecânico e não engenheiro.

Roberto entendia o pai. Seu sonho era ter um filho engenheiro. Foi um sacrifício pagar escola particular. Mas será que, para ser mecânico, tem de ser ignorante? Pensando bem, entre os quatro irmãos, ele foi o escolhido para estudar numa escola melhor e estar mais bem preparado para enfrentar o vestibular. Arquivou o sonho e começou a pensar no cursinho para o vestibular.

Multinacional ou oficina?

Vamos supor que, ao entrar na faculdade, Roberto tenha percebido que sua decisão foi acertada. O curso era legal, os colegas também e as chances de um bom emprego em uma multinacional eram grandes.

Agora, vamos supor que a faculdade tenha sido uma decepção e que Roberto percebera que não tinha nenhum interesse por aqueles conhecimentos. Ele trancou a matrícula e foi procurar emprego em uma oficina do bairro, para poder economizar e abrir a própria oficina.

Podemos supor, ainda, que ele se formou, trabalhou alguns anos em uma empresa, economizou o salário e abriu a oficina de seus sonhos.

Enfim, há inúmeros desfechos possíveis para a história de Roberto. São muitas possibilidades, porque na vida, diante de uma escolha, existem várias possibilidades. A questão é como avaliá-las e tentar fazer a melhor escolha.

Para entender melhor a fase da escolha de uma profissão, é preciso ter em mente que o adolescente vive em constantes dúvidas. Por um lado, existe o mundo real, composto pelos pais, irmãos, amigos, professores, e, por outro lado, há seu universo interior, aquilo que ele gostaria de ser, seu ideal de mundo, seu ideal de amor e a profissão que ele acredita que o faria se sentir realizado.

Quanto mais fechado o ambiente em que o adolescente vive, quanto menos possibilidades ele tem para expor suas ideias e expressar seus sonhos, quanto mais pressão ele sofrer para corresponder aos sonhos dos pais, mais ele se refugiará em seu mundo interior, em que as dificuldades são menores.

É justamente nessa fase tão complicada e em que o jovem está afirmando seus valores religiosos, políticos, filosóficos, que ele se vê diante da necessidade de escolher a profissão que terá de exercer pelo resto da vida. E tem de decidir sobre um futuro que é tão abstrato e parece estar tão distante.

Para que não se engane quanto a sua futura profissão, o ideal seria que ele procurasse mais informações sobre as diferentes carreiras, pois muitas vezes a escolha é feita por razões equivocadas.

Ana Paula adorava sua tia Nancy, uma advogada de sucesso. Passava muitos finais de semana na casa da tia e viajava com ela nas férias. A casa da tia era animada, e Ana Paula perguntava-se como ela tinha tanto pique para fazer várias coisas.

Ana Paula decidiu que seria advogada como a tia.

Guilherme admirava o pai. Era um homem decidido, generoso, excelente profissional. Era formado em administração de empresas, começou na empresa onde trabalhava como estagiário e agora, aos 45 anos, ocupava um alto cargo na direção. Era companheirão de Guilherme, que já sabia que também seria administrador de empresas como o pai.

Juliana queria fazer gastronomia. A mãe era secretária num escritório de advocacia, o pai era representante de uma indústria farmacêutica. Juliana conversou muito com os pais. Ela sabia que eles gostariam que ela fizesse um curso de psicologia ou de letras. Mas ela queria fazer gastronomia. Adorava a transformação que acontecia na cozinha. Essa coisa mágica que produzia tantos sabores, cheiros e cores.

Ela prometeu trabalhar enquanto cursasse a faculdade, que era cara, e os pais prometeram ajudá-la. Queriam uma filha feliz e competente naquilo que escolhesse.

Gilberto queria ser médico, mas sair da favela para a faculdade de medicina parecia um caminho impossível. Estudou em escola pública, trabalhou como empacotador de supermercado, office-boy *de um escritório que era uma espelunca, entregador de* pizza. *Enfim, uma vida dura de quem tem de trabalhar para sobreviver. Não desanimou. Estudou muito, fez curso de atendente e de auxiliar de enfermagem. Trabalhar no hospital já era um passo em direção à medicina. Quem sabe, daí a alguns anos, prestaria vestibular.*

Consultas interiores

Há milhares de outras histórias parecidas com as relatadas anteriormente. A melhor maneira de escolher o que queremos fazer é não pularmos nenhuma das seguintes etapas.

A primeira etapa consiste em responder a si mesmo:

O que quero da vida?

Que tipo de vida eu quero?

O que eu gosto de fazer?

O que eu quero, do que gosto e o que combina ou se choca com a realidade que vou ter de encarar?

Não são perguntas fáceis de responder, mas o processo de busca das respostas faz com que o adolescente se conheça melhor e conclua, nem que seja por exclusão, do que não gosta, o que não quer e o que pode ser melhor para ele.

Nessa consulta interior, o adolescente defronta-se com seus heróis: um jogador de futebol, uma atriz de sucesso, um adulto que admira. Ele sabe que talvez não seja como esses ídolos. Então, precisa enxergar e analisar sua realidade.

Nessa etapa surgem também os conflitos internos. São conflitos de interesse, porque muitas vezes nos deparamos com desejos incompatíveis. Para o adolescente, é muito difícil aceitar que, ao fazer uma escolha, ao decidir por um caminho, ele está excluindo todas as outras possibilidades. A adolescência caracteriza-se por uma onipotência e tem-se a impressão de que é possível fazer tudo, de que se dá conta de tudo.

O adolescente que faz escolhas desde a infância tem mais facilidade de lidar com a exclusão de possibilidades. Ele aprende que, ao mesmo tempo que deixou de lado outros desejos, adquiriu novas experiências e ganhos que são muito bons.

Nessa etapa, muitas vezes, os conflitos surgem da seguinte forma: "quero, mas não posso"; "quero, mas acho que não consigo"; "quero, mas não devo". Para resolver esses conflitos, é preciso tempo.

Família e grupo social

A segunda etapa é a pesquisa no âmbito familiar. Não se trata de um questionário para ser respondido pelos familiares, mas se deve discutir o máximo possível nossas dúvidas, tentando perceber com clareza o que esperam de nós, reavaliando os valores que nos foram passados e sabendo que apoio nossa família poderá nos dar. Todas essas informações são importantes e se somam às respostas que buscamos para nós. Fazem parte do quebra-cabeça que estamos formando.

A terceira etapa é conhecer o grupo social em que vivemos. Como esse grupo – meus amigos, meus professores, meus vizinhos – me vê? O que esperam de mim? Com que valores desse grupo eu me identifico?

Todas essas questões e muitas outras vão ajudar a avaliar as possibilidades reais do que se tem pela frente. Não dá para ser advogado só porque gostamos da tia advogada; é preciso conhecer o dia a dia desse profissional. Também não adianta impor uma carreira de engenheiro para quem quer ser mecânico; ele poderá até ser engenheiro, mas frustrado. Também não adianta querer prestar vestibular para medicina logo que terminar o ensino médio se a faculdade é particular e os pais não podem ajudar a pagar. Às vezes é preciso adiar um projeto.

Visitar as faculdades, assistir a algumas aulas, conversar com profissionais sobre sua rotina pode ajudar numa escolha mais acertada.

E, se a escolha não foi a melhor, se o que escolhemos não correspondeu às nossas expectativas, se descobrimos que queremos ter outra profissão, é só pegar um atalho e buscar nova rota. A vida é plena de possibilidades, de esquinas com surpresas.

Há também profissionais especializados em orientação vocacional. Muitos trabalham em universidades que oferecem esse serviço gratuitamente. Vale a pena buscar essa ajuda quando as dúvidas são muito grandes.

7

Violência, a nova ordem mundial?

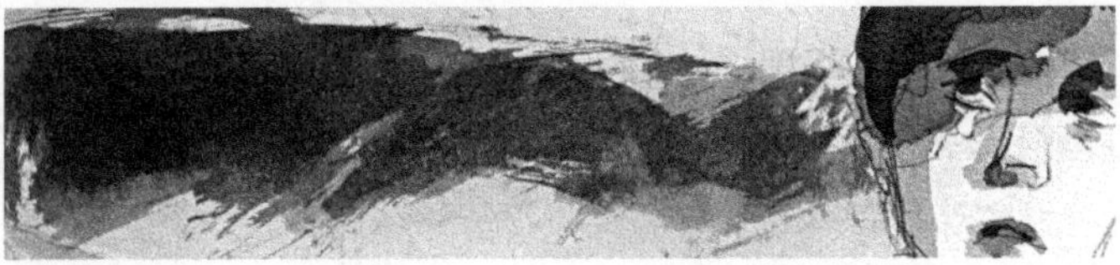

Morte em escolas públicas, chacinas em favelas, violência policial contra cidadãos, adolescentes que matam alunos em escolas nos Estados Unidos, estudantes armados na sala de aula, presos que ninguém sabe onde colocar, grades em volta de prédios, carros com vidros escuros ou blindados, medo, insegurança...

A violência está presente em nosso dia a dia, interfere em nosso comportamento, deixa-nos perplexos e inseguros. Uma pergunta que todos se fazem: por que há tanta violência?

Existem muitas razões para o aumento da violência: a desigualdade social que provoca nas pessoas de classes menos favorecidas um enorme grau de frustração é uma delas. Basta imaginar crianças vendo televisão no barraco e pedindo aos pais a bolacha, o suco, o tênis, a boneca, as viagens que aparecem na tela, e a única resposta que recebem é: *Vocês não podem ter isso. Não é para vocês.*

Reinaldo tinha dois sonhos: conhecer o centro da cidade e ter o tênis que Ronaldinho, o jogador de futebol mais famoso no momento, anunciava na televisão. Era um tênis legal, e Reinaldo acreditava que faria muitos gols com um tênis assim.

Reinaldo estudava na escola que ficava no bairro onde morava. Tinha mais cinco irmãos. Os dois mais velhos trabalhavam, mas o dinheiro não dava nem para a comida. O pai tinha sumido, a mãe estava desempregada.

Um dia pediu dinheiro para o ônibus ao irmão.

– Vai aonde? – perguntou o irmão desconfiado.

– Vou conhecer o centro da cidade. Quem sabe arranjo algum trabalho.

– Ficou louco! Você não sabe andar na cidade. É perigoso. – O irmão estava surpreso.

– Me arruma o dinheiro. Eu vou lá, arrumo um serviço qualquer, daí uns dias tô de volta.

O irmão deu o dinheiro de má vontade, sentindo que não fazia a coisa certa. Mas tinha pena. Reinaldo só ouvia não quando pedia alguma coisa.

Reinaldo pegou o ônibus para a praça da Sé. Tinha ouvido falar o nome dessa praça e, quando se informou sobre ela, soube que era bem no centro da cidade de São Paulo.

A praça estava cheia de crianças vindas de bairros periféricos, como ele. Umas tinham fugido porque apanhavam, outras porque queriam aventura como Reinaldo, enfim, havia mil razões para zanzar na praça da Sé.

No começo ficou olhando, fazendo um reconhecimento do lugar. Depois se aproximou de um grupo.

– Posso ficar por aqui com vocês?

Ninguém respondeu, mas ninguém disse não. Ele ficou.

Eles cheiravam alguma coisa dentro de um saco de papel.

Um deles saiu correndo atrás de um senhor, trombou com ele e voltou com a carteira do homem. Não tinha muita grana, mas dava para comprar um lanche.

Reinaldo foi ficando...

A história de Reinaldo poderia ter inúmeros desfechos. Ele poderia passar a cheirar cola e se viciar, poderia começar a roubar e conseguir o tênis, poderia arrumar um serviço qualquer e ganhar uns trocados para voltar para casa.

Independentemente do final da história, o importante é

refletir que a extrema privação leva, muitas vezes, à violência. Isso não justifica, mas explica, em parte, sua existência.

Outras razões são o desemprego, a corrupção dos políticos, um sistema de justiça que privilegia quem tem maior poder econômico.

A violência entre os adolescentes é, muitas vezes, fruto de modelos violentos – pais e educadores. Na adolescência, também, o grupo é muito importante, e muitos jovens querem pertencer a um grupo forte para se sentir protegido. O grupo passa uma ideia de força, dá mais coragem.

Há uma violência crescente entre adolescentes de classes sociais privilegiadas. Não podemos justificá-la com privação, com falta de comida, de objetos de consumo. Como justificar então? Como explicar que um garoto que possui tudo o que quer rouba toca-fitas do carro do vizinho? Pode ser que seja para trocar por droga, isso acontece muito. Entretanto, em muitos casos, o adolescente rouba não porque o objeto roubado lhe falta, mas porque quer chamar a atenção e receber mais afeto e compreensão.

Adultos-modelos

Os adultos têm um papel importante na prevenção da violência, porque são os modelos para os jovens. Há muitos estudos que mostram que crianças que crescem em ambientes hostis, em que os pais têm atitudes violentas, tornam-se jovens violentos. E a violência tem várias facetas, que incluem a física e também a moral, que é muito grave.

Rogério, 15 anos, filho de pais separados, muitas repetências e fracassos, decidiu num sábado à noite pegar o carro da mãe escondido. Quando ela se deu conta, comunicou ao pai. Este foi até a casa do filho, entrou em seu quarto e quebrou tudo: prancha de surfe, aparelho de televisão, aparelho de som. Rasgou o que viu pela frente, pegou as roupas novas e saiu dizendo que, da próxima vez que o filho aprontasse, seria pior.

Pior? O que pode ser pior do que a cena descrita? Rogério sabia que logo a mãe compraria outra prancha e teria roupas novas. Não era esse o problema. O que doía era a indiferença do pai e a sua agressividade. Pior foi não ter levado uma bronca bem dada e ter a chance de pedir desculpas. Horrível é sentir muita raiva do pai. O que fazer com essa raiva? Quem vai ser a vítima da injustiça que sofri? Em quem vou descarregar?

A história de Rogério é verdadeira e parecida com milhares de outras. Porém, há histórias piores.

Rogério poderia se juntar à turma do prédio que riscava o carro dos outros, poderia partir para o uso de drogas para esquecer o inferno que era sua vida... Poderia muitas coisas.

Rogério poderia ter pais legais, que sentassem com ele para conversar, que buscassem ajudá-lo, que compartilhassem suas angústias.

A violência não se justifica jamais, nem por parte dos jovens nem por parte dos adultos, e suas causas devem ser procuradas sempre. Isso significa que é preciso manter um ambiente de confiança e respeito para que os jovens possam expressar suas angústias. Se o adulto não agir arbitrariamente, não impingir aos jovens violências morais e físicas, não tiver atitudes autoritárias, ele certamente estará contribuindo para sua diminuição.

A violência entre jovens é um ato de protesto, de revolta, de pedido de socorro. É preciso se antecipar a ele, é preciso agir antes que aconteça.

Violência e televisão

Muitos acham que os filmes exibidos na televisão fomentam a violência. Sem dúvida existe uma certa influência, mas não é a causa mais importante. O ideal seria que crianças e jovens assistissem à televisão na companhia de adultos que possam comentar o que está sendo exibido, criticando, questionando, refletindo, o que nem sempre é possível. Os pais trabalham e muitas vezes não há adultos quando os jovens ou as crianças assistem à televisão. A solução é possibilitar-lhes outras atividades quando estão fora da escola, estimular outros interesses, incentivá-los a assistir a programas de qualidade. Entretanto, a televisão não é a vilã quando se trata de violência.

Um estudo realizado na Faculdade de Medicina da Universidade de Nova York mostra que um ambiente agressivo e de maus-tratos é o responsável por tornar crianças e jovens agressivos e, portanto, propensos à violência. Esse tipo de ambiente não favorece o desenvolvimento de valores morais e da capacidade de reconhecer o sofrimento dos outros e de si próprio.

No Brasil, o sistema penitenciário e as instituições responsáveis pela reeducação de jovens transgressores reproduzem as condições que geram a violência: isolamento, desconforto, dor, exposição a atos violentos e muita insegurança. Tudo isso contribui para que, ao sair de instituições que deveriam ter como objetivo reeducar, os jovens voltem a cometer crimes, muitas vezes mais violentos.

Educadores e pais têm a obrigação de prestar atenção ao ambiente em que educam alunos e filhos, aos sinais de desconforto de seus filhos e alunos para que possam oferecer-lhes ajuda antes que os problemas se agravem.

8
Política é coisa de gente grande?

Se a construção da identidade pressupõe que o adolescente se conheça e conheça seu espaço, também pressupõe que entre em contato com o que acontece à sua volta, avalie à luz de seus valores morais e decida o que aprova, o que deseja para seu país e o que reprova e deseja mudar, além de aprender a lutar por seus direitos e a cumprir com seus deveres de cidadão.

Quem são os adolescentes?

Depois do regime militar que durou 21 anos (1964-1985), o país deparou-se com uma geração de jovens aparentemente alienados, que não conheciam o clima de uma eleição democrática, em que há liberdade de expressão. Alguns achavam que os versos de Caetano Veloso "caminhando contra o vento, sem lenço, sem documento" diziam respeito a pessoas despreocupadas, que levam a vida sem se inquietar com nada. Mas, em 1992, quando o país vivia uma situação política desmoralizante, quando a corrupção do então presidente Fernando Collor de Mello e seu grupo chegou ao insuportável, foram os jovens, em que ninguém tinha muita fé, que saíram às ruas pedindo o *impeachment*, estimulando as pessoas a protestar e a exercer seu verdadeiro direito de escolha. Saíram sem lenço nem documento, mas com muita vontade de mudar a situação.

Muitos dizem que foi uma onda passageira, que o jovem não possui, de fato, uma identificação política. Não é verdade. Existem muitos adolescentes ativos, engajados em projetos sociais, organizados em centros acadêmicos, representantes de alunos junto a diretorias de escolas. E, quando chamados a engrossar fileiras, eles estão lá. Foi assim na guerra contra o Iraque, em 2003. Enquanto Bagdá era bombardeada, jovens saíram às ruas protestando contra a guerra, contra a política dos Estados Unidos.

Ver seus olhares brilhantes e sentir sua vibração faz sempre renascer a certeza de que nada está perdido, de que sempre vale a pena lutar. O desejo de tornar-se adulto traz consigo o desejo de participar das esferas adultas, porque os adolescentes sabem que isso afetará sua vida.

Amanda e Gabi adoravam fazer trilhas, comer comida saudável, participar de todas as iniciativas sociais promovidas pelo colégio.

Eram muito amigas e estavam decididas a tornar a escola um lugar mais agradável.

– Só porque é escola pública o pessoal acha que pode deixar tudo imundo – disse Amanda.

– Eu acho que se a escola deixasse os pais e a gente pintar tudo, as pessoas iam respeitar mais – Gabi sempre tinha ideias.

– Não sei não. Você acha que dona Doroteia vai deixar? Ela é que gosta de ter ideias. Não gosta das ideias dos outros – Amanda era sempre a voz da razão, o lado prático.

– Vou falar com minha mãe e pedir a ela que fale com dona Doroteia – disse Gabi, feliz com mais uma de suas ideias.

A mãe de Gabi achou melhor as meninas irem falar. A escola era delas, e elas deveriam aprender a expor a sua opinião para a diretora.

– Se vocês acham difícil falar com a diretora, por que não procuram algum professor? – sugeriu a mãe de Gabi.

As duas acharam a ideia boa e decidiram falar com o professor de geografia, que era superlegal.

– Professor, queremos sua ajuda. Pretendemos pintar a escola.

– E vão querer me contratar como pintor? – ele brincou.

– Não. É sério. Esta escola está um lixo. Sempre dizem que lugar de lixo é na lata de lixo, mas como não dá para jogar fora a escola, vamos pintá-la. A gente quer chamar os pais e, nos finais de semana, pintar – Gabi estava entusiasmada.

– Acho que assim as pessoas vão parar de pichar os muros e cuidar das classes – Amanda completou.

– A ideia é ótima – disse o professor. – Vamos falar com Doroteia.

Elas se olharam. Vamos?

– A gente tem de ir junto? Você não pode falar com ela?

– Não, porque a ideia é de vocês. Vamos lá. A Doroteia é muito legal e vai achar ótimo.

Legal? Vai achar ótimo? As meninas duvidavam, mas fazer o quê? Foram com o professor.

Repetiram a ideia do projeto e ficaram surpresas com o entusiasmo da diretora:

– Ótima ideia. Acho que posso conseguir as tintas de graça. Tem muito empresário querendo ajudar e não sabe como. Vou mandar uma circular convidando os pais. Vocês são ótimas.

Elas nem acreditaram. Dona Doroteia era bem mais gente fina do que o pessoal falava.

Qualquer jovem, desde o início da adolescência, é capaz de dizer o que quer e o que espera do futuro. Entretanto, às vezes, seus projetos parecem idealistas demais; outras vezes, impraticáveis. O importante é que tenham consciência sobre o que é possível de ser realizado e lutem para que consigam o que querem.

Deixar sonhar?

Muitos adultos acabam jogando um balde de água fria nos jovens sonhadores.

– Isso não vai dar certo.
– Nem pensar! Não vou deixar você ir até a favela para participar desse projeto. Sua diretora ficou louca.
– Nada de passeata. E se tiver alguma confusão?
– Para de sonhar, e vamos falar de coisas práticas.

Frases como essas são comuns e acabam com a alegria e a energia dos adolescentes. Discutir com eles o propósito de suas ideias e de suas vontades é muito saudável e é um ótimo exercício para eles aprenderem a ouvir a opinião dos outros, a argumentar a favor de suas ideias e a mudar de opinião quando percebem que estavam equivocados. Mas é preciso tomar cuidado para conversar em clima de respeito e de forma que não aniquile seu entusiasmo.

O compromisso dos adultos com os jovens é mostrar-lhes que sempre há espaço para sonhos, novos projetos, mudanças e novas ideias. Não é possível ter jovens engajados e participativos em ambiente cerceador e pouco acolhedor.

OUTRAS INFORMAÇÕES

Este é um guia para consulta. Seu objetivo é ajudar os leitores a esclarecer algumas dúvidas.

Doenças sexualmente transmissíveis (DSTs): são doenças transmitidas pela relação sexual.

As mais frequentes são:

Aids: sigla em inglês para *Acquired Immune Deficiency Syndrome,* que significa "síndrome da imunodeficiência adquirida". É provocada pelo vírus HIV, que ataca os linfócitos, células responsáveis pela defesa do organismo. Com a defesa prejudicada, o portador do vírus HIV fica mais vulnerável a contrair infecções e a desenvolver tumores graves. É uma doença muito séria porque ainda não tem cura. Hoje, com a combinação de vários medicamentos, o portador dessa síndrome pode viver mais e em condições melhores.

Gonorreia: no homem, esta infecção produz um forte ardor ao urinar e aparece pus poucos dias após a relação sexual. Na mulher, ela produz corrimento. Às vezes, principalmente nas mulheres, a infecção não apresenta sintomas, o que facilita a transmissão e torna a doença muito frequente.

Sífilis: esta infecção faz aparecer uma ferida no pênis, na vagina ou no ânus algumas semanas após a relação sexual. Depois de alguns dias a ferida desaparece, mas o germe continua a circular no organismo e se instala em vários lugares. É importante consultar um médico assim que aparecer a ferida.

Herpes e condiloma: são doenças produzidas por vírus e têm tratamento demorado. A primeira produz pequenas bolhas e feridas e a segunda, pequenas verrugas nos órgãos genitais.

Tanto a Aids como as outras DSTs não têm vacinas, e a única forma de preveni-las é praticar o sexo seguro, evitando ter relações sexuais com parceiros desconhecidos, com pessoas reconhecidamente promíscuas e usando sempre camisinha.

Ejaculação: expulsão do esperma através do pênis. Ocorre com o clímax da relação sexual, o orgasmo. Pode ocorrer tanto na relação sexual como na masturbação. Há, ainda, uma forma de ejaculação involuntária, que ocorre durante o sono; é chamada polução noturna.

Gravidez: quando um óvulo é fecundado por um espermatozoide e se fixa dentro do útero, tem início a gravidez. O óvulo (agora chamado ovo) divide-se em muitas células, formando um embrião, o qual, aos poucos, vai se transformando no bebê. Quando este atinge a maturidade, deixa o corpo da mãe pelo parto para viver no ambiente exterior.

Hormônios sexuais: são substâncias produzidas por glândulas (ovários, testículos e suprarrenais). Eles agem em diversos órgãos do organismo. São eles os responsáveis pelos caracteres sexuais secundários, como crescimento das mamas, do pênis, dos testículos, dos ovários. São eles também que contribuem para o desenvolvimento muscular e o aumento das secreções gordurosas da pele, que acabam favorecendo o aparecimento de acne (espinha).

Mecanismo de defesa: qualquer processo psicológico inconsciente, como o de projeção ou rejeição, utilizado, dependendo da circunstância, para diminuir a angústia ou as tensões provocadas por conflitos interiores.

Os mecanismos de defesa são nossos recursos para nos defendermos de situações que ainda não dominamos. Quando conseguimos compreender uma nova situação, quando ela já não nos inspira medo, abandonamos os comportamentos defensivos e adotamos outros.

Métodos contraceptivos: são os métodos usados para evitar a gravidez. Devemos lembrar sempre que nenhum método contraceptivo, com exceção da camisinha, previne as doenças sexualmente transmissíveis.

Os métodos contraceptivos são:

Camisinha: ao ser colocada no pênis antes da penetração, coleta o esperma após a ejaculação.

Pílula: associação de hormônios femininos que mantém a fisiologia normal da mulher, mas impede a produção regular de óvulos.

DIU: sigla para dispositivo intrauterino. É colocado dentro do útero e impede a fixação do óvulo fecundado na parede uterina.

Diafragma: é um anel de borracha que a mulher coloca no fundo da vagina antes de ter relação sexual. O diafragma evita que os espermatozoides entrem no útero.

Camisinha feminina: feita do mesmo material que a camisinha masculina, é um novo método contraceptivo. A mulher deve colocá-la antes da relação sexual e tirá-la logo depois.

Tabelinha: é um método para evitar gravidez que consiste em não ter relações durante o período fértil. Esse período coincide com a ovulação, que ocorre por volta do 14º dia do ciclo, em mulheres com ciclos regulares. Como esse momento nunca pode ser precisado e considerando que o óvulo e os espermatozoides podem viver de 24 a 48 horas, o período fértil é muito amplo e variável, portanto este método não é seguro.

Ligadura das trompas e vasectomia: ao ligar as trompas, evita-se que o óvulo seja levado do ovário até o útero. No homem, o procedimento chamado vasectomia refere-se à ligação dos dutos deferentes, que levam os espermatozoides dos testículos ao pênis. São métodos definitivos, feitos por meio de procedimento cirúrgico, cuja reversão é muito difícil.

Orgasmo: é a sensação de prazer que se atinge no clímax da relação sexual. É importante lembrar que não há duas relações iguais, que aquilo que acontece com a amiga ou o amigo não necessariamente acontecerá com você. A relação sexual é consequência de um processo de intimidade que vai sendo construído ao longo do tempo pelo casal, de acordo com suas necessidades e seus desejos.

Puberdade: é a fase do desenvolvimento humano em que se aceleram as transformações físicas e psicológicas. Essa fase corresponde ao início da adolescência.

TPM: sigla para tensão pré-menstrual, síndrome caracterizada por irritabilidade, instabilidade emocional, maior sensibilidade. Essa síndrome está associada a variações hormonais e manifesta-se no período que antecede a menstruação. Apenas uma parte das mulheres é sensível a ela.

SUGESTÕES DE LEITURA

ABERASTURY, Arminda. *Adolescência*. Porto Alegre: Artes Médicas, 1980.

——; KNOBEL, Maurício. *Adolescência normal*. Porto Alegre: Artes Médicas, 1981.

CASTANHO, Gisela M. Pires. *O adolescente e a escolha da profissão*. São Paulo: Paulinas, 1988.

DOLTO, Françoise. *A causa dos adolescentes*. Rio de Janeiro: Nova Fronteira, 1990.

——. *Dialogando sobre crianças e adolescentes*. São Paulo: Papirus, 1989.

KORCZAK, Janusz. *Quando eu voltar a ser criança*. São Paulo: Summus, 1981.

MIRANDA, Margarete Parreira. *Adolescência na escola*. Belo Horizonte: Formato, 2001.

TIBA, Içami. *Puberdade e adolescência*. São Paulo: Ágora, 1985.

——. *Sexo e adolescência*. São Paulo: Ática, 1985.

WEINBERG, Cybelle. *Geração delivery*: adolescer no mundo atual. São Paulo: Sá, 2001.